—————————— 님의 소중한 미래를 위해
이 책을 드립니다.

에픽테토스의
인생을 바라보는 지혜

인 생 을
어 떻 게
살 아 야
할 것인가

에픽테토스의
인생을 바라보는 지혜

에픽테토스 지음 | 강현규 엮음 | 키와 블란츠 옮김

메이트북스

메이트북스 우리는 책이 독자를 위한 것임을 잊지 않는다.
우리는 독자의 꿈을 사랑하고,
그 꿈이 실현될 수 있는 도구를 세상에 내놓는다.

에픽테토스의 인생을 바라보는 지혜

초판 1쇄 발행 2019년 2월 15일 | **초판 8쇄 발행** 2024년 11월 15일
지은이 에픽테토스 | **엮은이** 강현규 | **옮긴이** 키와 블란츠
펴낸곳 (주)원앤원콘텐츠그룹 | **펴낸이** 강현규·정영훈
등록번호 제301-2006-001호 | **등록일자** 2013년 5월 24일
주소 04607 서울시 중구 다산로 139 랜더스빌딩 5층 | **전화** (02)2234-7117
팩스 (02)2234-1086 | **홈페이지** www.matebooks.co.kr | **이메일** khg0109@hanmail.net
값 12,000원 | **ISBN** 979-11-6002-210-0 03100

변화시킬 수 없는 것을 받아들이는 평온함을 주시고
변화시킬 수 있는 것을 바꿀 수 있는 용기를 주시고
그리고 이를 구별하는 지혜도 주소서.

- 라인홀드 니버의 기도문 -

내 삶의 노예가 아니라
주인으로 사는 법

이 책은 에픽테토스 Epictetus의 『엥케이리디온 Encheiridion』을 영국의 고전문학가 조지 롱 George Long이 1877년 영어로 번역한 것을 토대로 했다. 번역하는 과정에서 에픽테토스의 가르침을 독자들이 보다 쉽고 깊이 있게 이해할 수 있도록 사족을 달거나 살을 붙이고 싶은 유혹이 들었지만, 최대한 원문을 충실하게 번역했다. 보다 최근 연도에 나온 영문판 번역서와 같이 책 내용을 해설하고 살을 붙여 번역한 경우, 에픽테토스의 가르침이라기보다 현대의 한 저술가가 쓴 자기계발서에 가깝다는 인상을 받을 정도로 그 권위가 격하될 우려가 있기 때문이다.

더구나 에픽테토스와 같은 고대 철학자들의 가르침은 '독서용'이라기보다 늘 반복해 외우고 암송함으로써 필요한 때에 즉시 머리에서 꺼내 현실에 적용하도록 되어 있다. 특히 플라톤이나 소크라테스, 그리고 스토아 학파의 창시자인 제논 등이 이론적이고 학문적인 철학을 지향한 것과 달리 에픽테토스는 실제 현실에 적용 가능한 구체적이고도 실천적인 '살아 있는 철학'을 가르쳤기 때문에, 그의 가르침은 모두 삶의 필수품처럼 머릿속에 담아두고 있다가 필요할 때 거의 조건반사적으로 삶의 태도와 방향을 제대로 잡아주는 길잡이 역할을 한다. 그런 이유로 사람들은 에픽테토스의 어록을 축약한 이 책의 제목을 '엥케이리디온', 즉 핸드북 혹은 매뉴얼이라고 부른다.

에픽테토스로 대표되는 스토아 철학은 기원전 300년 경 제논에 의해 시작된 이후 약 500년 동안 그리스 로마 사회에 가장 영향력 있는 철학으로 널리 알려졌고, 특히 유럽에서는 르네상스 시대부터 19세기까지 가장 중요한 고대 철학으로 받아들여졌다. 현대 사회에 이르러서도 스토아 철학은 서구 사회의 종교·문학·윤리의 기본 틀을 구성하고 있는 것은 물론이고,

현대 심리 치료학에까지 큰 영향을 끼쳤다. 스코틀랜드의 경우에는 에픽테토스의 가르침이 담긴 교재를 학교 수업에 사용했으며, 초기 기독교 저술가들 역시 기독교적 윤리의 틀을 구성하는 데 그의 가르침을 많이 원용한 것으로 알려져 있다.

그렇다면 무엇이 에픽테토스의 철학으로 하여금 수천 년의 시간과 공간을 뛰어넘어 지금까지도 막강한 영향력을 행사하게 하는 것일까? 내가 생각하는 에픽테토스 철학의 핵심은 '안으로는 자유, 밖으로는 불굴의 저항'이다.

'안으로의 자유'를 얻기 위해 에픽테토스가 가장 강조한 것은 '내 힘으로 어떻게 할 수 있는 것과 내 힘으로 어떻게 할 수 없는 것'을 철저히 구분하는 것이었다. 돈·명예·직장·부모·죽음·정치 등은 내 힘으로 어떻게 할 수 없는 것들이고, 내 힘으로 어떻게 할 수 있는 것은 나의 의견이나 생각이다. 에픽테토스에 의하면 내 의지와 상관없이 벌어지는 모든 외부의 시련은 '이것을 시련으로 받아들이지 않겠다.'라고 마음먹으면 내게 시련이 될 수 없다는 것이다. 우리가 살면서 겪게 되는 일들은 그 자체가 본질적으로 불행하거나 장애물이 아니라, 우리가 그것을 불행 혹은 장애물이라고 '생각'하기 때문이다.

　이를 뒤집어 말하면 그 어떤 일을 당하더라도 이것을 불행이나 장애물로 받아들이기를 거부하면, 그 어떤 외부적인 일도 우리를 좌절시키거나 불행하게 할 수 없다는 것이 에픽테토스의 중요한 가르침이자, 에픽테토스가 강조한 '안으로의 자유'의 핵심이다. 이 자유는 어떤 외부의 힘에도 굴복하거나 좌절되지 않는 내면의 자유를 말한다.

　아울러 에픽테토스는 세상만사가 내 뜻대로 이루어지기를 허황되게 바라지 말고, 내 의지와 상관없이 벌어지는 모든 현실에 내 뜻과 바람을 오히려 맞추라고 가르치고 있다. 세상만사는 내 힘으로 어떻게 할 수 있는 것이 아니지만, 그 현실에 맞추어 무엇을 바라고 무엇을 버릴 것인가 하는 것은 '내 힘으로 어떻게 할 수 있는 것'이기 때문이다. 에픽테토스는 당면한 현실에서 무엇을 얻고 무엇을 버릴 것인지 선택할 권한을 가진 자가 바로 삶의 주인이라고 조언한다.

　에픽테토스의 가르침을 번역하면서 나는 그동안 엄연하게 존재하는 세상의 진리에 마침내 눈을 뜬 느낌, 즉 '깨어나는 느낌'을 받았다. 그리고 철학이 어떻게 실질적으로 삶을 대하는 태도와 자세를 바꾸어줄 수 있는지를 깨닫게 되었다.

　제임스 스톡데일James Stockdale은 짐 콜린스Jim Collins의『좋은 기업을 넘어 위대한 기업으로』에 소개된 이후 많은 언론과 기업의 강연에서 인용되고 있다. 하지만 이름이 생소한 독자를 위해 다시 소개한다면, 스톡데일은 월남전 당시 적진에 비행기가 추락하는 바람에 적군에게 포로로 생포되어 7년 이상 감옥소에 수감되었던 미해군 고위 장교였다. 후에 짐 콜린스가 스톡데일에게 "포로수용소에서 낙오된 자들은 어떤 자들이었는가?" 하고 묻자 스톡데일은 "막연한 희망에 목숨을 걸고 있던 낙관주의자들이었다."라고 대답했다. 이를 두고 짐 콜린스는 '스톡데일 패러독스'라고 이름 지었다.
　스톡데일은 자신이 그처럼 혹독한 현실에 굴하지 않고 강인한 정신으로 끝까지 버틸 수 있게 해준 정신적 지주는 바로 에픽테토스였다고 공식적으로 밝혔다.
　실직·명퇴·사업실패·가난한 집안 환경 등 여러 가지 힘든 현실 앞에서 힘들어하고 흔들리는 청춘과 가장들이 주변에 많다. 그러나 그 누구도 한치 앞을 기약할 수 없는 포로수용소 생활, 끊임없는 고문 등을 감내해야 했던 스톡데일의 현실보다 더 암담하고 절대적인 절망 상태에 처해 있지는 않을 것이다. 따라서 지금 현실이 혹독하고 암담하다며 좌절하고 힘들어하는 모든 청춘과 젊은 리더, 기업인들에게 에픽테토스의 철학을 권하고 싶다.

에픽테토스의 가르침을 기억해 피와 살과 신경세포에 융합되게 할 수 있다면, 그래서 필요한 상황에서 즉시 반사작용처럼 그의 가르침을 무기로 삼아 혹은 구급약품으로 삼아 대처할 수 있다면, 스톡데일과 마찬가지로 그 어떤 역경과 어려움 앞에서도 굴하지 않고 꿋꿋하게 살아남아 최후의 승리자가 될 수 있을 것이다.

차 례

 **내 권한 밖에 있는
것들을 바라지 말라**

2부 힘들고 괴롭다면
내 감정부터 돌아보자

3부 내게 일어나는 일을
기꺼이 받아들이자

4부 남에게 인정받는 것을 갈구하지 말라

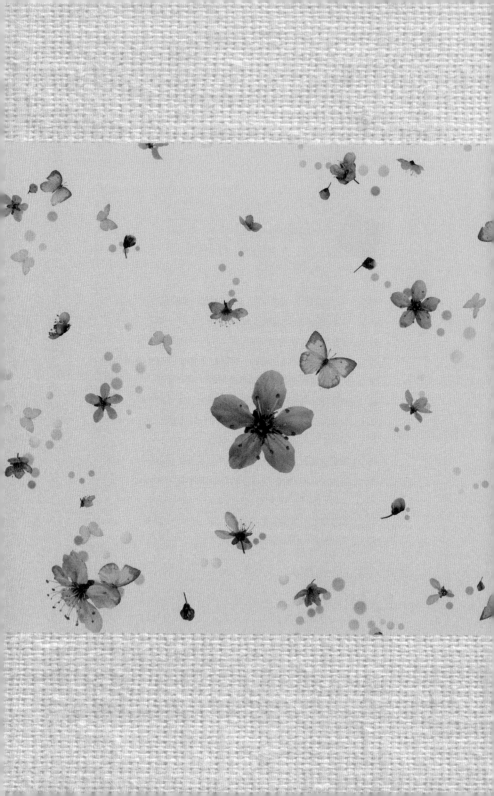

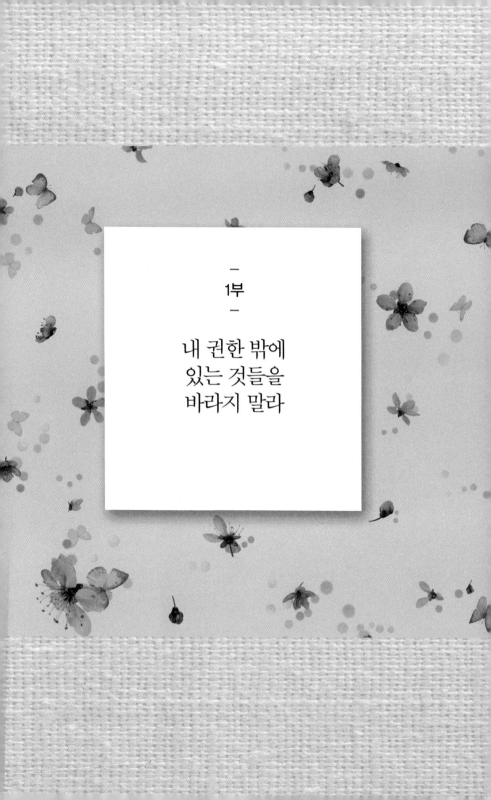

–
1부
–

내 권한 밖에
있는 것들을
바라지 말라

1

내 권한에 속하는 것들과
속하지 않는 것들에 대해

세상사 가운데는 내 권한에 속하는 것이 있고, 속하지 않는 것이 있다. 내 권한에 속하는 것은 사고思考, 노력, 바람, 혐오 등 우리가 하는 행위다. 내 권한에 속하지 않는 것은 육신, 재산, 명예, 통치 등 우리가 하는 행위가 아닌 것들이다.

내 권한에 속하는 것은 그 본질상 아무런 방해나 제약 없이 내 마음대로 할 수 있지만, 내 권한에 속하지 않는 것은 타인의 소관이어서 허황되고, 예속적이고, 제약이 따른다. 그러므로 타인 소관이며 예속적인 것을 두고 내 뜻대로 할 수 있는 것인 양 착각한다면 제약을 받게 되고, 좌절감과 비통함을 느끼게 되며, 신이나 인간을 원망하게 된다. 하지만 내 소관과 남의 소관을 제대로 구분함으로써 바랄 것만 바란다면, 그 누구로부터 강요당할 일도, 방해받을 일도, 누구를 원망하거나 비난할 일도 없고, 하기 싫은 것을 억지로 해야 할 일도 없다. 누군가로부터 손해 볼 일도 없고, 누군가로 인해 괴로워할 일도 없으니 자연히 원수도 생기지 않는다.

겉으로 보기에 근사한 것이 있어 탐이 난다면, 이것을 기억하라. 그러한 것들은 적당하게 노력한다고 다 가질 수 있는 것이 아니기에 어떤 것들은 완전히 포기해야 할 줄도 알고, 어떤 것들은 현실을 위해 뒤로 제쳐놓을 줄도 알아야 하는 법이다.

내 뜻대로 가질 수 없는 것을 탐하거나 부귀영화를 바라는 마음이 들 때도 마찬가지다. 내 소관에 속하지 않는 이러한 것들을 탐하고 좇느라 내 소관에 속하는 것들을 놓칠 수 있고, 그로 인해 내게 진정한 자유와 행복을 가져다줄 수 있는 것들도 정작 놓쳐버릴 수 있다.

뭐든 겉이 번지르르한 것을 보고 마음이 흔들릴 때마다 이것은 겉으로 드러난 모습일 뿐 완전한 실체가 아니라고 생각하는 습관을 만들어야 한다. 그다음에는 자신이 신봉하는 원칙에 따라 따져봐야 한다. 제일 먼저 따져봐야 할 중요한 원칙은 '이것이 과연 내 뜻대로 할 수 있는 것이냐, 아니냐?'이다. 만약 내 뜻대로 할 수 있는 것이 아니라면, 내 이성으로 하여금 이것은 나와 아무 상관없는 것이라며 무시하도록 하라.

뭐든 겉이 번지르르한 것을 보고 마음이 흔들릴 때마다

이것은 겉으로 드러난 모습일 뿐,

완전한 실체가 아니라고 생각하는 습관을 만들어야 한다.

2

내 권한 밖에 있는 것을
바라고 있다면 불행해진다

사람의 마음속에는 두 가지 바람이 있다. 하나는 내가 원하는 것을 얻었으면 하는 바람이고, 다른 하나는 내가 피하고 싶은 일을 당하지 않았으면 하는 바람이다. 원하는 것을 얻고자 하는 바람을 다스리지 못하면 불운하다고 느끼게 될 것이고, 피하고자 했던 일을 당하게 되면 불행하다고 느끼게 될 것이다. 반면 누구라도 피할 수 없는 자연의 순리에 속하지 않으면서 내가 내 힘으로 어떻게 할 수 있는 것들만 피하고자 노력한다면, 피하고 싶었던 일을 당했다고 해서 비통해할 일도 없을 것이다.

질병, 죽음, 빈곤 등과 같이 누구도 피할 수 없는 자연의 순리를 피하고자 한다면 그런 일을 당하고 비통함을 느낄 수밖에 없다. 그러니 자연의 순리상 당연한 일도 아니고, 내 힘으로 어떻게 할 수 있는 것도 아닌 일을 당하지 말았으면 하는 바람을 전부 지워버리고, 그 대신 내 힘으로 어떻게 할 수 있는 일들을 피하고자 하는 바람으로 마음을 돌려라.

　하지만 지금 당장은 모든 바람에서 완전히 벗어나라. 내 권한 밖에 있는 것을 바라고 있다면 불행해질 것이다. 다만 그 바람을 향해 매진하고 그것을 얻고자 하는 노력만 기울여라. 그리고 이렇게 노력하고 매진하는 가운데서도 늘 예외를 인정하고 거기에 지나치게 얽매이지 않도록 유의하라.

3

내가 사랑하는 것들의
본질을 늘 기억하자

내 마음을 즐겁게 해주는 것, 내 결핍을 채워주는 것, 내가 사
랑하는 것, 이런 것들을 대할 때면 아무리 하찮은 것이라도 그
것의 진정한 본질이 무엇인지 늘 기억하라.

예를 들어 애지중지하며 아끼는 도자기가 있다면 내가 사랑
하는 것은 질그릇임을 기억하라. 그렇다면 깨지는 본질을 가진
그 질그릇이 깨졌을 때 이를 담담히 받아들일 수 있다. 자식이
나 아내에게 입맞춤을 할 때도 내가 입맞춤을 하는 상대는 사
람이라는 것을 기억하라. 그러면 자식이나 아내가 언젠가 죽음
을 맞는다 해도 이를 담담히 받아들일 수 있다.

4

어떤 일에 임하기 전에
그 일이 어떤 일인지 그려보라

어떤 일에 임하기 전에 그 일이 어떤 일인지 먼저 머릿속에 그려보라. 예를 들어 목욕탕에 갈 일이 있다면, 먼저 목욕탕에서 어떤 사람들로 인해 어떤 일들을 겪게 될 것인지 머릿속에 그려보라. 목욕탕에 가면 물을 튕기는 사람도 있고, 밀치는 사람, 짜증나게 하는 사람, 남의 물건을 훔치는 사람 등도 있을 것이다. 따라서 목욕을 하되 사람다운 태도를 유지하며 원하는 것을 지키도록 주의하겠다고 다짐을 하면, 보다 안전하게 목욕을 마칠 수 있을 것이다.

어떤 행동을 하든지 이와 같은 태도로 임하라. 목욕탕에서와 같은 일들로 방해를 받게 되면, 내가 하려던 일은 목욕뿐만이 아니라 사람다운 태도를 지키며 원하는 것을 잃지 않도록 주의하고 조심하는 것이라는 사실을 자신에게 계속해서 상기시켜야 한다. 내가 어떤 일을 당해서 누군가에게 짜증을 낸다면 이

는 마음먹은 바를 제대로 지키지 못했다는 증거라고 생각할 수
있다.

무지몽매한 사람은

제 마음을 제대로 다스리지 못하고 늘 남 탓만 한다.

하지만 깨우치기 시작한 사람은 자신을 탓한다.

5

우리를 괴롭히는 것은
행위 그 자체가 아니다

우리를 괴롭히는 것은 행위가 아니라 행위에 대한 사사로운 생각들이다. 예를 들어 죽음이라는 행위 그 자체는 두려운 것이 아니다. 만약 죽음 그 자체가 두려운 것이라면 소크라테스 Socrates도 죽음 앞에서 두려워했을 것이다. 하지만 실제로 두려운 것은 죽음에 대한 생각이다. 그것이 우리를 두렵게 하는 것이다.

장애에 부딪히거나 괴로운 일을 당하거나 슬픈 일을 당하게 되면, 그 탓을 다른 사람에게 돌리지 말고 나 자신, 더 정확히 말해 자신의 생각으로 돌려야 한다. 무지몽매한 사람은 제 마음을 제대로 다스리지 못하고 늘 남 탓만 한다. 하지만 깨우치기 시작한 사람은 자신을 탓한다. 깨우친 사람은 자신도 남도 탓하지 않는다.

6

내가 가진 것을
자랑스러워하라

내가 가진 것은 무엇인가? 올바른 생각을 하고 이를 실천할
수 있는 능력이다. 자연의 순리에 합당한 생각을 하고 이를 행
동으로 옮길 때는 얼마든지 우쭐해해도 좋다. 자신의 권한에
속하는 선한 것에 대해 우쭐해하고 있는 것이기 때문이다.

7

나이가 들수록 배에서
멀리 떨어져 있지 말라

항해중 배가 잠시 항구에 정박했다면 배에서 내려 물도 구하러 가고, 물을 구하러 가는 길에 조개나 꽃도 얻게 될 것이다. 하지만 선장이 부를 때를 대비해 항상 배에 주의를 기울이고 끊임없이 뒤를 돌아보아야 한다. 배를 놓치지 않으려면 선장이 부를 때 모든 것을 버리고 다시 배로 돌아갈 준비가 되어 있어야 한다.

인생도 마찬가지다. 사는 동안 우리는 조개나 꽃 대신 아내나 자식을 얻게 되고, 누구도 이를 마다하지 않을 것이다. 하지만 선장이 부르면 이 모든 것을 버리고 뒤돌아봄 없이 배로 달려가야 한다. 나이가 들수록 배에서 멀리 떨어져 있지 않아야 선장이 불렀을 때 배를 놓치는 일을 당하지 않는다.

8

내게 닥치는 모든 일을
기다리고 있었노라

모든 일이 내가 원하는 대로 일어나게 하려고 애쓰는 대신,
'내게 닥치는 모든 일을 마치 기다리고 있었노라.' 하며 받아들
이면 보다 평탄하게 세상살이를 할 수 있을 것이다.

9

그 어떤 시련도
결코 장애가 되지 못한다

질병은 육신에 장애를 줄지언정 내 의지에는 장애가 되지 못한다. 절뚝거림은 다리에 장애가 될지언정 내 의지까지 절뚝거리게 하지는 못한다.

내게 닥치는 모든 시련을 이러한 태도로 받아들여라. 그렇게 하면 그 어떤 시련도 어떤 면에서는 장애가 되지만, 나 자신의 본질적인 면에는 장애가 되지 못한다.

어떤 일을 당할 때마다 나 자신을 들여다보고,

그 일에 대처할 수 있는 어떤 능력을 지니고 있는지

자신의 내부에서 그 능력을 잘 찾아보자.

10

어떤 일을 당할 때마다
나 자신을 들여다보라

　어떤 일을 당할 때마다 나 자신을 들여다보고, 그 일에 대처할 수 있는 어떤 능력을 지니고 있는지 자신의 내부에서 그 능력을 잘 찾아보자.

　그러면 유혹적인 사람을 대면할 때 스스로 감정을 자제할 수 있는 능력을 찾을 수 있을 것이다. 고된 일이 주어지면 끈기라는 능력을 찾을 수 있을 것이다. 모욕을 당하면 참는 능력을 찾을 수 있을 것이다. 이런 자세가 습관화되면 아무리 혹독한 시련이라도 꿋꿋하게 견뎌낼 수 있을 것이다.

11

상실을 겪었을 때는
제자리로 돌아갔다고 생각하자

상실을 겪었을 때는 결코 잃어버렸다고 생각하지 말고 돌려주었다고 생각하는 버릇을 들이자. 자식을 잃었는가? 자식은 제자리로 돌아간 것이다. 여인을 잃었는가? 그 여인은 제자리로 돌아간 것이다. 재산을 잃었는가? 그 재산은 제자리로 돌아간 것이다. 이러한 것들을 내게서 도로 가져간 자가 악한 자일 수도 있지만, 원래 내게 주었던 자가 되찾아 가겠다는데 그 자가 어떤 자인지 내게 무슨 상관이 있는가?

주는 자가 준 것을 잘 간수했다가 돌려주는 것이 받은 자의 몫이다. 이는 숙소를 찾은 나그네가 자기가 든 방을 잘 사용하고 난 뒤 돌려주는 것과 마찬가지다.

12

가난해도 근심 없이 사는 게
풍요 속의 번뇌보다 낫다

보다 나은 삶을 추구한다면 버려야 할 태도가 있다. '일을 등한시하면 생계가 어려워질 것이다.' 혹은 '하인을 제대로 다스리지 못하면 버릇이 나빠질 것이다.'라고 생각하는 태도다. 근심이나 두려움 없이 살다가 굶어 죽는 것이 풍요로움 속에서 온갖 번뇌에 시달리며 사는 것보다 낫기 때문이다. 내가 불행하게 사느니, 차라리 버릇 나쁜 하인을 두는 것이 더 낫다.

사소한 일에서부터 이를 실천하라. 하인이 기름을 엎지르고 와인을 도둑맞더라도, 이는 번뇌에 시달리지 않고 평온하게 살기 위해 치르는 대가라고 생각하라. 아무것도 그저 얻어지는 것은 없다. 데리고 있는 하인이 고분고분 말을 듣지 않을 수도 있고, 말을 잘 듣는다고 해도 하는 짓이 내 마음에 들지 않을 수도 있다. 하지만 하인이 어떤 짓을 하더라도 그로 인해 마음의 동요를 일으키지 않는 것은 바로 내 권한에 속하는 일이다.

13

대단한 지식을 가진 사람처럼
보이길 원하지 말라

보다 나은 삶을 추구한다면 모든 피상적인 외부의 것들에 대해 차라리 무식하고 바보 같은 사람이라는 소리를 들을 각오를 하라. 뭔가 대단한 지식을 갖고 있는 사람처럼 보이길 원하지도 말고, 누군가가 나를 대단한 사람으로 여기더라도 자신만은 나를 아무것도 아닌 사람이라고 치부하라.

자연의 섭리에 따라 사람답게 살면서 동시에 세속적인 영예를 추구하는 것은 결코 쉽지 않은 일이다. 인간다운 삶과 세속적인 영예 중에서 어느 하나를 추구하다 보면 다른 한쪽은 반드시 무시할 수밖에 없다.

보다 나은 삶을 추구한다면

모든 피상적인 외부의 것들에 대해 차라리 무식하고

바보 같은 사람이라는 소리를 들을 각오를 하라.

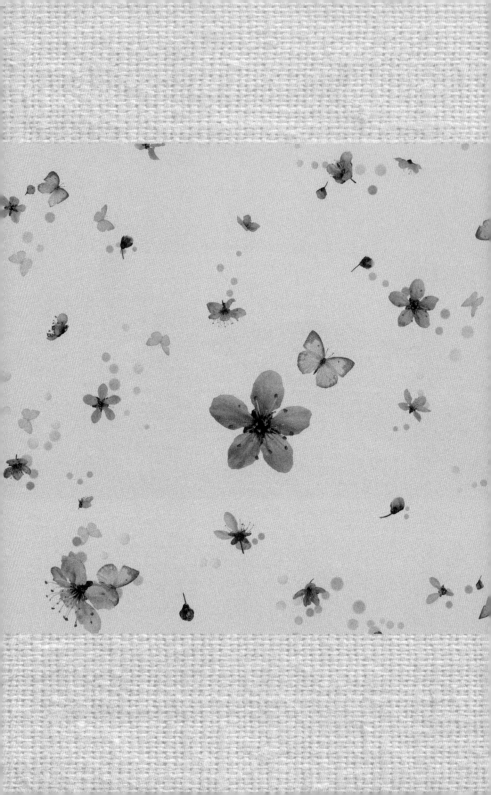

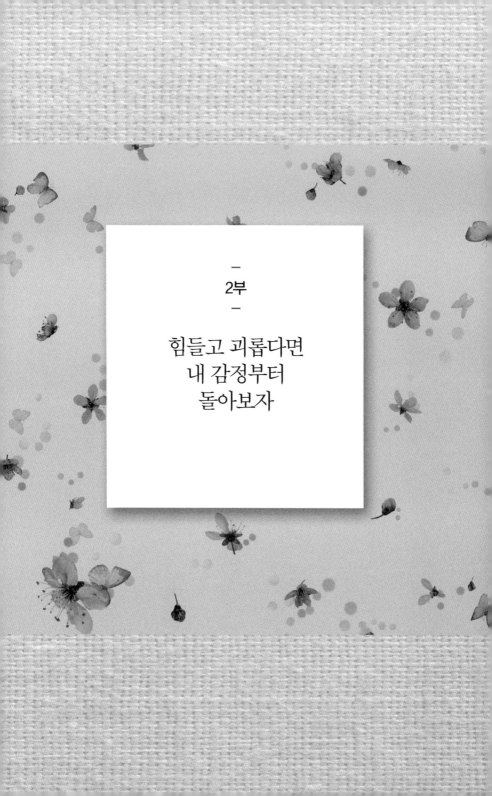

2부

힘들고 괴롭다면
내 감정부터
돌아보자

14

남의 권한에 속하는 것은
얻거나 버리려 들지 말라

자식이나 아내 혹은 친구들이 영원히 살기를 바란다면 이는 어리석은 짓이다. 내 권한에 속하지 않은 권한이 내 것이었으면, 다른 사람의 소유인 것이 내 소유였으면 하고 바라는 것이나 마찬가지기 때문이다. 또한 하인이 나를 실망시키지 않았으면 하고 바란다면 이 또한 바보 같은 짓이다. 이는 결함을 결함이 아닌 다른 어떤 것이었으면 하고 바라는 것이기 때문이다.

하지만 자신이 원하는 것을 이루고 자신에게 실망하는 일이 없길 바란다면, 이는 가능한 일이다. 그러므로 가능성이 있는 것을 바라는 습관을 들이도록 하라. 무언가를 얻고, 무언가를 버리고 싶은가? 그것이 무엇이든 간에, 그것을 얻거나 버릴 수 있는 권한을 가진 자가 바로 그것의 주인이다.

자유로운 삶을 원한다면 다른 사람의 권한에 속하는 것은 그

무엇도 얻거나 버리려 들지 말라. 그러지 않으면 속박된 삶을
면치 못할 것이다.

15

내 차례가 될 때까지
차분히 기다리자

만찬에 참석할 때 매너와 에티켓을 지켜야 한다는 것은 누구나 잘 알고 있다. 예를 들어 음식을 담은 접시가 내 앞에 오면 손을 뻗어 공손하게 음식을 집어야 한다. 그 접시가 다른 사람에게 돌아가면 그 접시를 붙잡아두려 해선 안 된다. 아직 음식이 내 앞에 놓이지 않았는데도 불구하고 빨리 먹고 싶은 조급함을 노골적으로 표시하는 대신 내 차례가 되어 음식이 앞에 놓일 때까지 기다려야 하는 것이 매너다.

자식이나 아내는 물론 권력이나 재물에 대해서도 이와 같은 태도를 가지도록 하라. 그렇게 하면 신의 만찬에도 초대받을 자격이 있다.

여기서 한 걸음 더 나아가 내 앞에 차려진 상조차 취하려 들지 않고 오히려 하찮은 것으로 무시할 수 있다면, 신의 만찬뿐

만 아니라 신의 권위까지도 함께 누릴 수 있다. 디오게네스
Diogenes 와 헤라클레이토스 Heracleitus 같은 여러 철학자들이 바로
이렇게 함으로써 신에 버금가는 대접을 받을 수 있었다.

만찬에 참석할 때

매너와 에티켓을 지켜야 한다는 것은 누구나 잘 알고 있다.

예를 들어 음식을 담은 접시가 내 앞에 오면

손을 뻗어 공손하게 음식을 집어야 한다.

16

슬퍼 우는 사람을 괴롭히는 건
이 사람의 감정이다

자식이 멀리 떠났거나 재산을 잃고 슬퍼 우는 사람을 봤을 때 겉으로 드러나 보이는 시련 그 자체에만 매달려서는 안 된다. '이 사람을 괴롭히고 있는 것은 이 사람이 겪고 있는 시련 자체가 아닌, 그 시련에 대한 이 사람의 감정이다.'라는 것을 우선 먼저 떠올려라.

입으로는 위로의 말을 나누어 그 슬픔을 함께 나누고, 경우에 따라서는 그들과 함께 한탄하되, 마음 깊은 곳까지 한탄에 빠지는 일이 없도록 유의하라.

17

인생이라는 연극의
배우에 불과함을 기억하자

　우리는 누구나 분량이 짧으면 짧은 대로, 길면 긴 대로 작가의 의도에 의해 짜여진 연극에 등장하는 배우들이다. 작가가 내게 거지 역할을 맡겼으면 거지 역할을 자연스럽게 소화해야 하고, 불구자나 권력자 혹은 평범한 사람 역할이 주어졌다면 그에 맞게 연기해야 한다. 이러한 것들은 내가 맡은 역할이므로 훌륭하게 그 역할을 해내야 한다. 하지만 그 역할 선택권은 내가 아닌 다른 자에게 있다.

18

그 어떤 징조도 요긴하게
받아들일 수 있음을 알자

까마귀가 불길하게 울어댄다고 해서 그 느낌에 휘둘리지 말고, 분별력을 발휘해 '이러한 것들은 나 자신뿐 아니라 내 육신, 내 재산, 명예, 자식 혹은 아내에게도 아무런 의미가 없다.'라고 자신에게 타이르자. '내가 원하기만 한다면 그 어떤 징조도 요긴하게 받아들일 수 있다. 어떤 결과가 나오더라도 그 결과에서 뭔가 이로운 것을 얻어내는 것은 내 권한이기 때문이다.'라고 생각하자.

19

누구를 부러워하거나
시기를 할 필요가 없다

내 힘으로 이길 재간이 없는 겨루기에 절대 뛰어들지 않는다
면 패배자가 되는 일이 없을 것이다. 그러니 나보다 명예가 더
높은 자, 더 큰 권력을 가진 자, 나보다 더 유명한 자 등을 보았
을 때 겉으로 드러난 모습만 보고 괜한 경쟁심에 사로잡히는
일이 없도록 경계하라.

진정으로 선하고 좋은 것을 가질 수 있는 권한이 내게 있다
면 누구를 부러워하거나 시기할 필요도 없다. 큰 권력이나 높
은 지위를 가진 자가 되고 싶어하기보다는 자유로운 자가 되기
를 원하게 될 것이기 때문이다.

이런 태도를 가질 수 있는 방법은 단 한 가지다. 내 권한에
해당하지 않는 것을 무시해야 한다.

나보다 명예가 더 높은 자, 더 큰 권력을 가진 자,

나보다 더 유명한 자 등을 보았을 때 겉으로 드러난 모습만 보고

괜한 경쟁심에 사로잡히는 일이 없도록 경계하라.

20

누군가로 인해 괴롭다면
내 감정부터 돌아보자

억울한 일을 당하거나 폭행을 당해 모욕감을 느꼈다면, 그 모욕감은 그러한 행위에 대한 내 사사로운 감정 때문이라는 것을 기억하라. 누군가로 인해 괴로움을 느낀다면, 그 괴로움은 상대방에 대한 내 사사로운 감정으로 인한 것이다.

겉으로 드러나는 모습에 대한 내 감정에 사로잡히지 않도록 먼저 노력하라. 일단 시간을 두고 인내할 수 있게 되면 자신을 다스리기가 보다 수월해진다.

21

끔찍하다고 여겨지는 일들을
일상적으로 대면하라

죽음과 추방, 그 외에 끔찍하다고 여겨지는 일들을 늘 일상
적으로 대면하라. 특히 죽음을 일상적으로 대면하라. 그러면
그 어떤 시련 앞에서도 마음이 약해지지 않고, 그 어떤 것도 그
다지 크게 바라지 않게 될 것이다.

22

철학적인 삶을 살려면
사람들의 조롱을 극복하라

철학적인 삶을 추구하려면 지금부터 사람들의 조롱거리가 될 각오를 해야 한다. 많은 사람이 "어디서 무슨 철학자가 나타났군." 혹은 "어디서 이렇게 잘난 사람이 나타나셨나." 하고 비웃을 것이기 때문이다.

잘난 척하지 말고 신이 내게 주신 분수를 지키며 최선을 다하는 자세를 잃지 않도록 하라. 이렇게 하다 보면 처음에 조롱하던 사람들도 나중에는 감명을 받게 될 것이다. 그러나 사람들의 조롱을 극복하지 못하면 오히려 그 조롱이 두 배가 되어 돌아올 것이다.

23

매사에 철학자 같은 태도를
지키는 데서 만족하자

누군가를 기쁘게 해주려다가 다른 것에 한눈을 파는 일이 생
긴다면, 이는 내가 처신을 잘못했기 때문이다. 그러니 매사에
철학자 같은 태도를 지키는 데서 만족할 수 있어야 한다.

다른 사람들이 보기에도 자신이 철학자 같기를 원하는가?
철학자처럼 행동하면 얼마든지 가능한 일이다.

누군가를 기쁘게 해주려다가

다른 것에 한눈을 파는 일이 생긴다면,

이는 내가 처신을 잘못했기 때문이다.

24

다른 사람으로 인해
내가 못난 사람이 될 수 없다

'나는 사람들의 인정도 받지 못한 채, 그냥 하찮은 존재로 살다 갈 것이다.'라는 생각으로 우울해하지 말라. 사람들의 인정을 받지 못한 것을 잘못된 삶으로 여겨서는 안 된다. 다른 사람의 행위로 인해 내가 부끄러운 인간이 될 수 없듯이, 다른 사람으로 인해 내가 못난 사람이 될 수는 없는 것이다.

삶의 목적이 높은 지위에 오르거나 화려한 만찬에 초대되는 것인가? 절대 아니다. 그렇다면 어떻게 높은 지위에 오르지 못하고 화려한 만찬에 초대받지 못했다고 해서 인정받지 못하는 하찮은 인생이라고 한탄할 수 있겠는가. 자신의 능력으로 해낼 수 있는 일, 내가 가치 있는 존재가 될 수 있는 일에서만 꼭 필요한 사람이 된다면, 어떻게 이것을 인정받지 못하는 하찮은 존재라고 할 수 있겠는가.

'하지만 나는 친구들에게 별 도움을 줄 수 없다.'라고 생각할지 모른다. '별 도움을 못 준다.'라는 것은 무슨 의미인가? 친구들은 나에게서 돈 한 푼 얻어갈 수 없고, 그들을 로마의 시민으로 만들어줄 수도 없다는 의미일 것이다. 하지만 이러한 것들이 다른 사람이 해야 할 몫이 아니라 내 권한에 속하는 것이라고 착각하지 말라. 자신이 갖지 못한 것을 다른 사람에게 줄 수 있는 사람이 누가 있겠는가.

'하지만 만약 그러한 것들을 얻으면 친구와 나눌 수 있지 않겠는가?' 하고 생각할 수 있다. 만약 내 명예와 자존심을 그대로 간직한 채 이러한 것들을 얻을 수 있는 방법이 있다면, 내게 가르쳐달라. 내가 그러한 것들을 획득하겠다. 하지만 그러한 것들을 위해 내가 지닌 선함을 포기해야 한다면, 그래서 떳떳하지 못한 것을 얻게 된다면, 이 얼마나 바보 같고 비이성적인 짓인지 생각해보라. 더구나 돈과 믿음직하고 자랑스러운 친구 사이에 어느 것을 갖길 원하는지 생각해보라. 따라서 이러한 것들을 포기하게 만들지도 모르는 것들을 기대하지 말고, 선한 품성을 지닐 수 있도록 노력하는 편이 낫다.

'하지만 조국을 위해 뭔가 도움이 되어야 하지 않겠는가?'라고 생각할 수 있다. 여기서 말하는 '뭔가 도움을 준다.'라는 것은 무엇을 의미하는가? 분명 그것은 건물이나 공중목욕탕을 만들어 바치는 것은 아닐 것이다. 그렇다면 무엇을 의미하는가? 대장장이가 신발을 만들어 바치거나 구두 수선공이 무기를 만들어 바치는 것도 아니다. 모든 사람이 자신의 맡은 임무를 충분히 잘 수행하는 것으로 충분하다. 애국심 강하고 훌륭한 시민을 한 사람 더 나라에 바치면 그것이 바로 나라에 도움을 주는 것이 아니겠는가.

'하지만 나라에서 내가 있을 자리는 어디인가'라고 생각하는
가? 나라에 충성하고 존중하는 마음을 지니며 지킬 수 있는 자
리면 어떤 자리든 상관없다. 그러나 나라에 도움이 되고자 한
다는 핑계로 충성심과 존중심을 상실하고 부끄러운 줄 모르고
의리도 없는 자가 되고 만다면 나라에 아무런 도움도 되지 않
는다.

사람들의 인정을 받지 못한 것을

잘못된 삶으로 여겨서는 안 된다. 다른 사람의 행위로 인해

내가 부끄러운 인간이 될 수 없듯이,

다른 사람으로 인해 내가 못난 사람이 될 수는 없는 것이다.

25

다른 사람과 똑같은 영예를
대가 없이 누릴 수는 없다

만찬에 가면 유독 사람들이 많이 인사하러 몰리고 조언을 구하러 몰리는 등 특별한 대접을 받는 사람이 있다. 만약 이것이 좋은 것이라면, 그 사람이 이러한 것들을 가진 것에 대해 기뻐해줘야 한다. 하지만 나쁜 것이라면, 이러한 것들을 내가 갖지 못했다고 해서 상심할 필요는 없다.

내 권한에 속하지 않는 것들을 얻기 위해 다른 사람과 똑같은 행동을 하지 않으면서 다른 사람과 똑같은 영예를 누릴 수는 없다는 것을 명심하라. 높은 사람의 문지방을 계속 들락거리며 굽실거리지 않고, 아첨하는 소리를 늘어놓지 않으면서, 어떻게 그렇게 하는 사람과 똑같은 반대급부를 기대할 수 있겠는가.

진열대에 놓여 있는 것을 값도 치르지 않고 공짜로 얻길 바라는 것은, 옳지 않고 욕심을 부리는 일이다. 예를 들어 상추의

가격이 지폐 한 장이라고 가정하자. 지폐 한 장을 지불하는 사람은 그 대가로 상추를 얻고, 지폐 한 장을 지불하지 않으면 상추를 얻지 못한다. 하지만 자신이 상추를 가진 자보다 궁하다고 할 수는 없다. 상추를 산 자는 상추를 가졌지만, 나는 상추를 사기 위해 돈을 지불하지 않았으니 상추 대신 지폐를 지니고 있기 때문이다.

만찬의 경우도 마찬가지다. 누군가의 만찬에 초대받지 못했는가? 그것은 만찬 초대자에게 그 만찬에 대한 값을 치르지 않았기 때문이다. 만약 그 만찬의 값이 아첨이라면, 초대받은 자는 아첨이라는 값을 치르고 그것을 산 것이다. 그러니 내게 이익이 된다면 그 값을 치러야 한다. 하지만 그 값을 치르지도 않고 이러한 것을 얻길 바란다면, 그것은 멍청하며 욕심꾸러기 같은 심보다.

만찬 이외에 내가 가진 것이 아무것도 없는가 하면 그건 아니다. 아첨하고 싶지 않은 사람에게 마음에 내키지 않는 아첨을 하지 않을 권리, 만찬 초대인의 문 앞에서 비굴함을 느끼지 않을 권리를 가진 것이다.

26

누구나 똑같이 겪게 되는 일에서
자연의 의지를 배우자

누구나 똑같이 겪게 되는 일에서 우리는 자연의 의지를 배울 수 있다. 예를 들어 다른 사람의 하인이 잔을 깼을 때, 우리는 주저 없이 "일어날 수 있는 일이지."라고 말한다. 그러니 내 잔이 깨졌을 때도, 다른 사람의 잔이 깨졌을 때와 똑같은 자세를 가져야 할 것이다.

보다 큰일에 대해 생각해보자. 다른 사람의 자식이나 아내가 죽었을 때, 사람이기에 어쩔 수 없다고 말하지 않는 사람이 없을 것이다. 그런데 자신의 자식이나 아내가 죽으면 "왜 나에게 이런 고통이 주어지는가?" 하고 울부짖는다. 하지만 이런 경우에도 다른 사람이 똑같은 일을 당했다는 말을 들었을 때 어떤 마음이 들었는지를 기억해야 할 것이다.

다른 사람의 하인이 잔을 깼을 때,
우리는 주저 없이 "일어날 수 있는 일이지."라고 말한다.
그러니 내 잔이 깨졌을 때도, 다른 사람의 잔이 깨졌을 때와
똑같은 자세를 가져야 할 것이다.

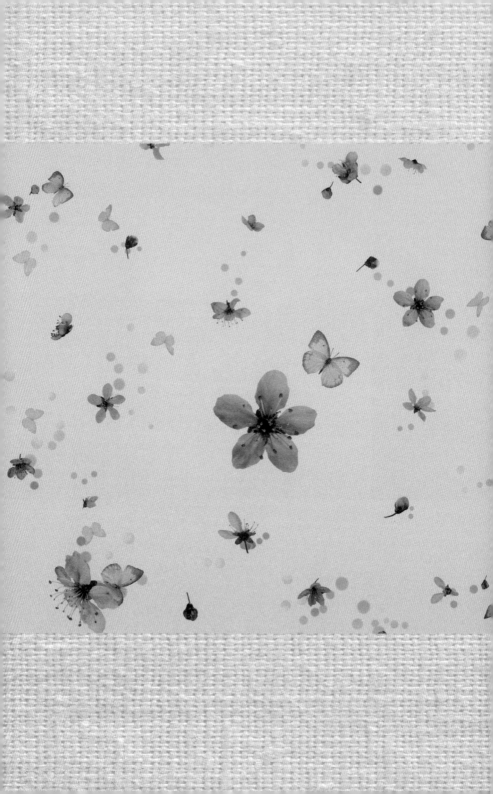

3부

내게 일어나는 일을
기꺼이
받아들이자

27

불운은 당하지 말라고
벌어지는 것이 아니다

과녁은 맞히지 말라고 세워놓은 것이 아니듯이, 세상에서 일어나는 모든 불운도 본질적으로는 당하지 말라고 벌어지는 것이 아니다.

28

남의 장단에 놀아나도록
내 마음을 맡기지 말라

    누가 내 몸을 아무 사람에게나 줘버린다면 분명 화가 날 것이다. 그런데 정작 나는 자신의 마음을 아무 경우에나 남의 장단에 놀아나도록 맡겨버리면서, 누군가에게 모욕을 당하면 마음의 평정을 잃어버리니 이 얼마나 수치스러운 일인가.

29

그 행동의 결과를 생각한 후에
행동을 취하라

어떤 행동을 하든지 우선 그 행동에 따른 전후 과정과 결과
를 잘 생각해본 뒤에 행동을 취하도록 하라. 그렇게 하지 않으
면 다음에 무슨 일이 일어날 수 있는지 생각해보지도 않고 자
신만만하게 일을 저질렀다가 후에 난관에 부딪히게 되면 수치
스러운 모습으로 포기하게 된다.

올림픽에 출전해 승리하고 싶은가? 나 역시 그렇다. 얼마나
멋진 일인가. 그러나 먼저 그것을 성취하려면 어떤 과정을 거
쳐야 하는지, 그 뒤에는 어떤 결과가 따르는지 먼저 고려해보
라. 우선 훈련을 하고, 엄격한 식사를 하며, 입에 단 것을 멀리
하고, 덥든 춥든 정해진 시간에 명령에 따라 운동을 해야 하며,
기회가 있어도 술이나 찬물을 마시지 말고, 의사의 지시에 따
르듯 코치의 지시에 자신을 완전히 맡겨야 한다. 막상 실전에
임해서는 혼자 흙바닥에 뛰어들어 손을 다치거나 발목이 삘 수

도 있고, 모래를 삼키게 될 수도 있으며, 부상당할 수도 있으며, 이 모든 노력에도 경기에서 패할 수도 있다.

　이러한 것들을 모두 고려해본 뒤, 그래도 원한다면 경기에 참여해야 한다. 그렇지 않으면 어린아이처럼 남들이 하는 것을 보고 충동적으로 레슬링을 하거나, 격투를 하거나, 운동선수가 되거나, 혹은 비극에 나오는 배우가 되거나 할 것이다. 이처럼 운동선수가 되었다가, 검투사가 되었다가, 웅변가가 되었다가, 철학자도 되었다가 해본들 아무것도 알맹이가 없다. 눈에 띄는 대로 좋아보이는 것이 있으면, 원숭이처럼 이것저것 흉내를 내는 것에 불과하기 때문이다. 이는 심사숙고의 과정과 여러 조건을 고려해보지 않은 채 성급하게 충동적으로만 뛰어들었기 때문이다.

어떤 행동을 하든지 우선 그 행동에 따른

전후 과정과 결과를 잘 생각해본 뒤에 행동을 취하도록 하라.

유프라테스Euphrates 같은 철학자가 말한 이야기를 듣고 본 후에 자신도 철학자가 되고 싶어하는 사람 또한 생기게 마련 이니, 우선 문제의 문질이 무엇인지를 생각하고 그것을 감당 해낼 수 있는지 자기 자신을 돌아보라. 5종 경기 선수나 레슬 링 선수가 되고 싶은가? 그렇다면 자신의 팔과 다리, 허벅지 등을 살펴보라. 무슨 일이든 거기에 요구되는 조건이 있게 마 련이다.

남들과 똑같이 먹고, 마시고, 화를 내고, 불평하면서 이런 일 들을 할 수 있다고 생각하는가? 때로는 남들이 잘 때 깨어 일을 해야 하고, 가족과 떨어져 있어야 하기도 하며, 남들로부터 비 웃음을 살 수도 있다. 심지어 명예·지위·정의, 그 외 모든 면 에서 최악의 것을 감당해야 하기도 한다. 마음의 평화, 자유, 평 온함을 위해 기꺼이 이러한 모든 것들을 감수할 용의가 있는지 먼저 생각해보라.

만약 이러한 모든 것들을 감수할 용의가 없다면 철인이 되었다가, 세금 징수원이 되었다가, 웅변가가 되었다가, 시저의 신하가 되었다가 하는 어린아이 같은 시도는 아예 하지도 말아야 한다. 이러한 자세는 아무짝에도 쓸모없는 것이다.

그 대신 선한 삶이든 악한 삶이든, 두 가지 중 하나를 택해야 한다. 내면의 것을 추구하는 삶을 살 것인지, 아니면 외적인 것을 추구하는 삶을 살 것인지, 다시 말해 철학자 같은 사람이 될 것인지, 아니면 평범한 보통 사람이 될 것인지 스스로 선택할 수 있어야 한다.

30

내가 원하지 않는 한 그 누구도
내게 해를 끼칠 수 없다

인간의 참된 도리는 관계에 따라 정해진다. 아버지와 자식의
경우 자식은 아버지를 돌보고, 아버지에게 모든 것을 양보하
며, 아버지에게 꾸중을 들을 때나 벌을 받을 때 이를 받아들이
는 것이 도리다. 하지만 나쁜 아버지를 두었다면? 그럴 경우 운
명적으로 좋은 아버지를 둔 것이 아니라, 나쁜 아버지를 둔 것
으로 받아들여야 한다.

형과 동생의 경우 형이 동생을 불공평하게 대하더라도 동생
은 자신의 위치를 지켜야 한다. 형이 하는 일이 아니라, 자연의
순리에 합당하게 자신이 해야 할 도리를 다하기 위해서 내가
해야 할 일이 무엇인지를 생각해야 한다.

그 누구도 내가 원하지 않는 한 내게 아무런 해를 끼칠 수 없
다. 하지만 내가 해를 입었다고 생각하면 해를 입게 된다. 그러

니 이웃, 동료, 지도자 등과 맺고 있는 관계를 잘 살피는 버릇을
들이면, 그들에 대한 자신의 참된 도리가 무엇인지 깨달을 수
있다.

이웃, 동료, 지도자 등과 맺고 있는 관계를

잘 살피는 버릇을 들이면,

그들에 대한 자신의 참된 도리가 무엇인지 깨달을 수 있다.

31

내게 일어나는 모든 일을
기꺼이 받아들여라

　신을 섬기는 데 있어서 가장 중요한 것은 신에 대한 올바른 개념을 갖는 것이다. 즉 신은 존재하며, 모든 일을 선하고 정의롭게 주재하시고, 나를 이 세상으로 보내셨으며, 세상만사 모든 일을 최상의 이성에 따라 이루셨으니, 나는 신에 순종하고 내게 일어나는 모든 일을 기꺼이 받아들이며 이에 따르겠다는 자세를 가져야 한다. 그렇게 한다면 신이 우리를 버렸다고 원망하는 일은 결코 없을 것이다.

　하지만 이렇게 되기 위해서는 자신의 권한에 속하지 않는 것에서 물러나고, 자신의 권한에 속하는 것에 대해서만 좋고 나쁨을 가릴 수 있어야 한다. 만약 내 권한에 속하지 않는 것을 두고 좋다 나쁘다 가리려 든다면 원하는 것을 얻지 못하고, 원하지 않은 일을 당했을 때 반드시 그 원인 제공자를 원망하고 미워하게 될 것이다. 자신에게 해를 끼칠 것처럼 보이는 것은

피하고 도망가고 싶고, 자신에게 이득이 될 것처럼 보이는 것
은 추구하고 바라는 것이 모든 살아있는 존재의 본능이기 때문
이다.

해를 입었다고 생각하는 사람이 해로워보이는 것에 대해 기
뻐하기를 기대하는 것은 어리석은 짓이다. 해로움 그 자체에
대해 기뻐하는 것이 불가능한 것처럼 말이다. 이런 이유로 자
신이 좋은 것이라고 여기는 것을 자식이 함께 나누어 갖지 않
을 때, 아버지도 아들에게 모욕을 당했다고 여긴다. 폴리네이
케스Polyneices와 에테오클레스Eteocles를 보라(그리스신화에 나오는
오이디푸스의 쌍둥이 아들_옮긴이). 권력을 좇다가 이 두 형제는 서
로 원수지간이 되고 말았다. 같은 이유로 농부나 뱃사람, 상인
등이 신을 욕하고, 아내나 자식을 잃은 자는 신을 원망한다.

인간은 마음을 두는 곳에 신앙심을 두는 법이다. 그러므로 자기가 바라는 것과 피하는 것을 잘 가릴 줄 아는 사람은 신앙도 잘 관리하는 셈이다.

예로부터 내려온 관습에 따라 술과 제물로 공양을 바치는 것 또한 바른 도리니, 이는 순수한 마음으로 정성스럽고 조심스럽게, 그리고 분에 넘치지 않으면서도 아낌없이 해야 한다.

32

앞날에 대해 불안하면
점쟁이가 아닌 신을 찾아라

앞날을 용하게 맞힌다는 사람을 찾고 싶은 유혹이 들 때는 이것을 기억하라. 앞으로 내게 일어날 행이나 불행을 점쟁이에게 물어본다는 것, 그리고 점성술에 의존한다는 것이 어떤 짓인지 최소한 철학적인 태도로 사는 사람이라면 잘 알고 있을 것이다. 장차 어떤 일이 일어나든, 자신의 뜻에 따라 일어난 일이 아닌 이상, 그 어떤 일도 좋다 나쁘다 할 수 없는 것이다.

앞날을 용하게 맞힌다는 사람을 찾을 때는, 어떤 일이 일어나거나 혹은 일어나지 않기를 바라는 마음을 갖지 말아야 한다. 그러지 않으면 불안하고 초조한 마음으로 점쟁이를 찾게 될 것이다. 대신 어떤 일이 닥치든지 개인적인 행복이나 불행으로 생각하지 말고 담담히 받아들여야 한다. 무슨 일을 당하든지 자신의 힘으로 뭔가 유익한 것을 얻어낼 수 있으며, 이를 방해할 수 있는 자는 아무도 없기 때문이다.

앞날을 용하게 맞힌다는 사람을 찾을 때는,
어떤 일이 일어나거나 혹은 일어나지 않기를
바라는 마음을 갖지 말아야 한다.

이러한 마음가짐에도 불구하고 앞날에 대해 불안하다면 신의 조언을 구하라. 신에게 조언을 구했으면 그 조언을 주신 이가 누구인지, 그 조언을 따르지 않으면 누구의 말씀을 거역하는 것인지 기억하라.

현실의 문제 그 자체에 관한 추측만이 난무할 때, 당면한 문제를 논리나 이성 혹은 그 어떤 방법으로도 해결할 수 없을 때는 소크라테스가 말한 대로 점술가를 찾도록 하라. 단, 친구나 나라가 위기에 처했을 경우, 내가 나서서 도와야 할 것인가 말 것인가와 같은 문제를 두고 점괘에 의지하려 해서는 안 될 것이다. 만약 나쁜 일이 일어날 것이라는 예측이 나온다면, 필시 그것은 죽거나, 불구가 되거나, 추방을 당하게 된다는 것을 의미하는 것이지만, 우리가 가진 이성은 어떤 위험이라도 무릅쓰고 친구나 나라를 위해 분연히 나서야 한다고 지시할 것이기 때문이다. 따라서 그 어느 예언가나 점술가보다 위대한 아폴로 Apollo 신을 기억하라. 그는 죽을 위기에 처한 친구를 돕지 않았다는 이유로 신전에서 누군가를 내쫓은 적이 있다.

33

늘 지켜야 할 태도와
본보기형 인간을 정하라

혼자 있을 때든, 사람들과 어울릴 때든 늘 지켜야 할 태도와 본보기형 인간을 정해두도록 하라.

늘 과묵한 태도를 지키고 꼭 필요한 말만 간략하게 하도록 하라. 꼭 말을 해야 할 일이 생기면 말을 하되 검투사 · 경마 · 운동선수 · 음식 · 술 등 잡다하고 일상적인 주제에 대한 말은 삼가고, 특히 남을 헐뜯거나 칭찬하거나 비교하는 말들은 삼가야 한다. 대화의 주제가 그런 쪽으로 잘못 흐를 때는 주제를 바꿀 수 있어야 한다. 우연히 낯선 사람들과 어울리게 될 때는 그냥 침묵을 지키도록 하라.

헤프고 실속 없는 웃음을 삼가라. 맹세는 가능하면 무조건 사양하라. 만약 맹세를 하더라도 자신의 뜻대로 할 수 없는 일에 대한 맹세는 하지 말라.

시정잡배들이 모여 먹고 마시는 자리는 피하라. 간혹 참석하더라도 주의를 기울여 같이 천박한 짓에 어울리지 않도록 조심하라. 같이 어울리는 자들에게 세속의 더러운 때가 묻어 있다면, 자신이 아무리 깨끗하다고 해도 그들과 부딪치면서 같이 때가 묻을 수 있기 때문이다.

음식·술·옷·주거지·노예 등 자신의 신상에 관련된 것들은 최소한 필요한 만큼만 가지도록 하라. 사치스럽고 화려한 것에 대해서는 선을 긋도록 하라. 성문제에 관한 한 결혼하기 전까지는 가능하면 순결을 지키도록 하라. 그러지 못하더라도 최소한 바람직하지 못한 관계는 맺지 않도록 하라. 하지만 성적 쾌락을 탐닉하는 사람이 있다고 해서 그를 비난하거나 심판하려 들지 말고, 탐닉하지 않는 사람도 있다는 사실을 거론하려 들지도 말라.

누군가로부터 나에 대해 험담을 하는 사람에 대한 이야기를 듣게 되면 그 내용에 대한 잘잘못을 따지려 들기보다 '그런 험담만 하는 걸 보니 나의 다른 단점들에 대해서는 모르는 모양이군.' 하고 넘어가라.

구경거리를 너무 자주 찾을 필요는 없다. 하지만 기회가 생겨 공연 관람을 하게 된다면 자신 이외에 다른 것에 너무 집착하지 말라. 즉 일어날 일만 바라고 이길 만한 것이 이기기만을 바라도록 하라. 그래야만 낙담하지 않게 된다.

누군가에게 환호하거나 누군가를 비웃거나 하지 말고, 지나치게 흥분하지 않도록 하라. 그 자리를 떠난 후에는 거기서 찾은 배울 점 이외에는 지나친 이야기를 삼가함으로써 마치 대단한 것을 본 것 같은 인상을 주지 않도록 하라.

헤프고 실속 없는 웃음을 삼가라.

맹세는 가능하면 무조건 사양하라.

만약 맹세를 하더라도

자신의 뜻대로 할 수 없는 일에 대한 맹세는 하지 말라.

개인적인 발표회장에 충동적이고 성급한 마음으로 가지 않도록 하라. 꼭 가야 한다면 진중한 마음가짐을 가지는 동시에 비판하려 들지 않도록 하라.

명망 높은 이를 포함해 사람을 만나러 갈 때는 철학자인 소크라테스나 제논Zenon이라면 이런 상황에서 어떻게 행동했을까 생각해보라. 그러면 어떤 상황에서도 당황하지 않고 그 만남에서 제대로 뭔가를 얻을 수 있을 것이다.

고위 권력자에게 호소할 일이 있을 때는 그 자가 집에 없을 수도 있고, 집 안으로 발을 들여놓지 못할 수도 있음을 기억하라. 혹은 문전박대를 당할 수도 있고, 냉대만 당할 수도 있다. 꼭 만나야 한다면 이것을 기억하라. 어떤 대우를 받더라도, 원하던 대로 일이 이루어지지 않더라도 투덜거리지 말라. 이는 외부적인 것에 휘둘리는 무지한 자가 하는 행동이다.

다른 사람과 이야기를 나눌 때는 자신의 행적이나 무용담에 대해 지나치게 늘어놓는 것을 삼가라. 자신의 과거 무용담이 본인이 생각하기에는 흥미진진하고 재미있을지 몰라도, 남들이 듣기에는 별로 즐겁지 않을 수도 있다.

사람들을 웃기려고 억지로 시도하지 말라. 쉽사리 상스러운 언행에 빠져들 뿐만 아니라 주변 사람들이 보기에 천박한 사람으로 전락할 수 있다. 욕설과 같은 비속어를 사용하는 것도 위험하다. 누군가 낯 뜨거운 말을 내뱉으면 얼굴을 붉히거나 인상을 찌푸림으로써 그런 언사가 불쾌하다는 것을 분명하게 보여주고, 그럴 상황이 아니라면 그냥 침묵하라.

34

신나게 놀고 난 후
이를 후회할 때를 생각해보자

다른 사람들이 주색잡기를 즐기는 것을 보고 자신도 즐기고 싶은 유혹이 들 때는, 그것으로 인해 분별력을 잃게 되는 일이 없도록 주의하라. 앞에 놓인 일을 우선 처리하면서 잠시 시간 여유를 갖고 생각해보라.

우선 신나게 놀 때, 그리고 신나게 놀고 난 후, 이를 후회하고 자책할 때를 생각해보라. 그다음에는 놀고 싶은 유혹을 물리치고 채신없는 짓을 하지 않았을 때, 얼마나 자신에 대해 뿌듯한 기분을 느낄 수 있을 것인지 생각해보라.

하지만 상황에 따라 꼭 그런 행동을 해야 할 경우에도 그 즐거움과 유혹에 완전히 넘어가지 않도록 자신을 지키도록 하라. 이러한 유혹과 싸워 이겼을 때 느끼는 기분이 얼마나 주색잡기의 재미보다 더 좋은 것인지 기억하라.

35

그렇게 하겠다고 마음을 먹었으면
그대로 추진하라

반드시 해야 할 일이 있어 그렇게 하겠다고 마음을 먹었으면 그대로 추진하라. 설령 사람들이 엉뚱한 소리를 하며 숙덕거릴 지라도 사람들의 이목을 무시하고 실천하라.

옳지 않은 행동은 행동 그 자체를 피하라. 하지만 옳은 행동이라면 엉뚱한 소리로 비난하는 자들을 겁낼 필요가 없다.

반드시 해야 할 일이 있어 그렇게 하겠다고
마음을 먹었으면 그대로 추진하라.
설령 사람들이 엉뚱한 소리를 하며 숙덕거릴지라도
사람들의 이목을 무시하고 실천하라.

36

사회생활을 할 때
나의 입장에서만 생각하지 말라

"이것은 낮이다." "저것은 밤이다." 하고 밤과 낮을 각각 나누어 따질 때, 밤과 낮은 분명히 다른 의미를 가진다. 그러나 밤과 낮을 합쳐서 이야기할 때는 그 의미가 모두 상실된다.

사회생활도 마찬가지다. 자기 자신의 입장에서만 생각하면 접시에 좋은 음식을 많이 담을수록 좋겠지만, 더불어 사는 공동체의 만찬이라면 음식을 많이 담는 행위가 좋은 행위라고 할 수는 없다.

다른 이와 더불어 음식을 먹을 때는 자신의 접시에 놓인 음식이 자신의 몸을 위해 얼마나 좋은 것인지만 생각할 게 아니라, 만찬에 자신을 초대해준 이에 대한 감사의 마음도 갖추어야 한다.

37

실제보다 더 자질이 뛰어난 양
과시하지 말라

실제보다 더 자질이 뛰어난 인물인 양 과시하려 들다가는 자신의 자질은 물론 인물 됨됨이까지도 함께 평가 절하되고 만다. 아울러 부족한 부분을 채워줄 기회도 놓치게 된다.

38

자신의 지조가 꺾이지 않도록
유념해야 한다

길을 걸을 때 못에 찔리거나 발목이 삐지 않도록 조심하는 것처럼 자신의 지조가 꺾이지 않도록 항상 유념해야 한다. 모든 행동에 있어 이 원칙을 지킨다면 보다 일관적으로 행동할 수 있을 것이다.

39

일신에 딱 필요한 만큼만
재산이 있으면 된다

　신발은 발에 딱 맞으면 되고, 재산은 일신에 딱 필요한 만큼만 있으면 된다. 그러므로 일신에 필요한 만큼의 재산에 만족할 수 있다면 분수를 제대로 지키는 것이고, 그보다 더 많은 것을 원한다면 절벽으로 떨어지듯 걷잡을 수 없이 점점 물욕에 사로잡히게 된다. 신발의 경우 발에 딱 맞는 신발을 넘어 금박을 입힌 신발, 장식으로 수놓은 신발 등을 찾게 된다. 일단 제분수를 넘어서기 시작하면 한정이 없다.

일신에 필요한 만큼의 재산에 만족할 수 있다면

분수를 제대로 지키는 것이고, 그보다 더 많은 것을 원한다면

절벽으로 떨어지듯 걷잡을 수 없이 점점 물욕에 사로잡히게 된다.

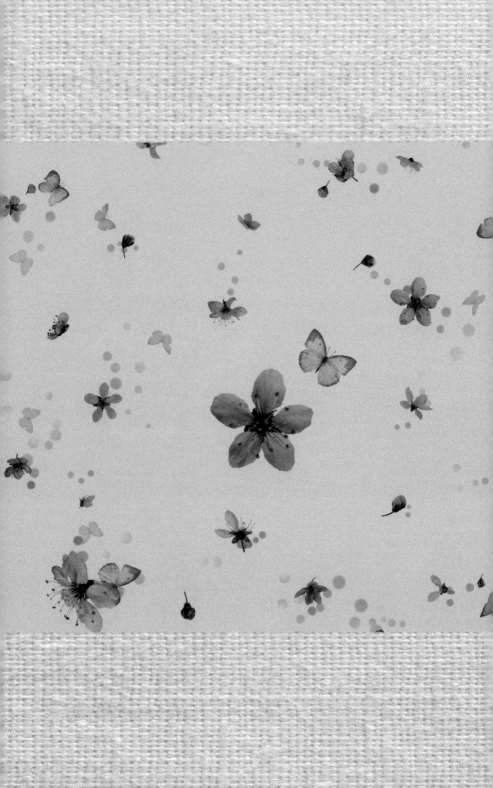

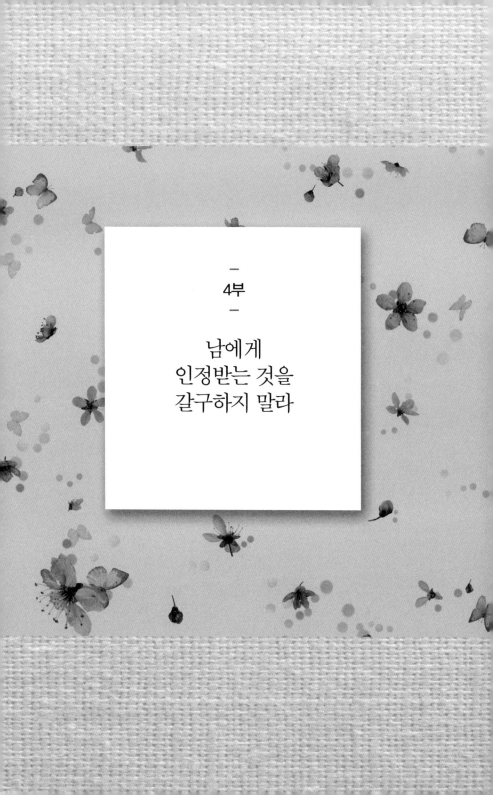

4부

남에게
인정받는 것을
갈구하지 말라

40

육신과 관련된 일에
너무 많은 시간을 보내지 말라

근육 단련·음식 먹기·음주·배변·성 생활 등 육신과 관련된 일에 너무 시간을 많이 보내는 것은 자연스럽지 못하다. 이러한 것들은 자투리 시간을 이용해 할 수 있으니, 육신보다 마음에 더 주의를 기울이도록 하라.

41

나를 모욕하는 사람에게
보다 너그러워질 수 있다

다른 사람으로부터 억울한 누명을 썼거나 비난을 받을 때는, 그 사람은 그게 옳다고 생각해 그렇게 행동하거나 말을 하는 것임을 기억하라. 그들은 내 입장에서 생각할 수 없고, 다만 자신의 입장에서만 생각할 뿐이다.

그들이 보기에 잘못이라고 생각되면 그들은 피해의식을 가지게 되고, 결과적으로는 자기 자신을 기만한 셈이 된다. 누가 어떤 진실을 두고 거짓이라고 여긴다면, 그로 인해 손해를 보는 것은 그 진실이 아니라 거짓이라고 여긴 사람 자신이기 때문이다.

이런 식으로 생각해보면, 나를 모욕하는 사람에게 보다 너그러워질 수 있다. 그런 일이 있을 때마다 '그 사람의 입장에서는 그렇게 보였나 보다.' 하고 받아들일 수 있기 때문이다.

42

모든 일에는 두 개의 손잡이가
있다고 가정하라

모든 일에는 두 개의 손잡이가 있다고 가정하라. 하나는 계속 끌고 다니기 위한 것이고, 다른 하나는 그렇게 하지 않기 위한 것이다.

만약 형이 뭔가를 잘못하고 있다면 형의 잘못된 행동만 보고 그 손잡이만 잡아끌고 다니려 하지 말라. 즉 그 자는 내 형이고, 같은 부모에게서 태어나 함께 자랐다는 사실만 끌고 다니도록 하라.

43

사람은 재산이나 언변으로
판단할 수 있는 존재가 아니다

"나는 너보다 더 부자이므로 너보다 낫다." 혹은 "나는 너보다 언변이 더 뛰어나므로 너보다 낫다."라고 말하는 것은 비논리적이다.

"나는 너보다 더 부자이므로 너보다 돈이 더 많다." 혹은 "나는 너보다 언변이 더 뛰어나므로 너보다 설득력이 있다."라고 말하는 것이 맞다. 사람은 재산이나 언변으로 판단할 수 있는 존재가 아니기 때문이다.

다른 사람으로부터 억울한 누명이나 비난을 받을 때는,

그 사람은 그게 옳다고 생각해

그렇게 행동하거나 말을 하는 것임을 기억하라.

44

다른 사람의 잘잘못을
함부로 가리려 하지 말라

목욕을 후딱 해치우는 사람이 있다면, 그 사람이 목욕을 잘 못한다고 할 것이 아니라 빨리 끝낸다고 해야 할 것이다. 와인을 과하게 마시는 사람이 있다면, 그 사람이 와인을 잘못 마신다고 할 것이 아니라 와인을 과하게 마신다고 해야 할 것이다.

그러한 행동을 하게 된 이유도 모르면서 함부로 잘잘못을 가리려 해서는 안 된다. 겉으로 보이는 것만으로 섣불리 판단하려 들지 말고, 그들의 행동을 있는 그대로 볼 수 있어야 한다.

45

철학자인 척하지 말고,
철학에서 배운 것을 실천하라

절대 철학자인 척하지 말고, 사람들과 더불어 철학에 대해 많이 아는 척도 하지 말라. 대신 철학에서 배운 것을 행동으로 실천해보여라. 예를 들어 만찬자리에서는 음식을 어떻게 먹어야 한다는 등 잔소리하는 대신, 스스로 올바른 자세로 음식을 먹도록 하라.

소크라테스가 어떻게 행동했는지를 기억하라. 사람들이 소크라테스를 찾아와 철학자를 소개해달라고 부탁하면, 그는 그들을 철학자에게 데려가고 자기 자신의 존재를 과시하려 들지 않았다.

속인들 사이에서 철학에 대한 논쟁이 벌어질 때는 될 수 있으면 입을 다물고 있는 것이 낫다. 스스로 소화해내지 못한 것은 입 밖에 내뱉는 즉시 구토물이 될 위험이 크기 때문이다. 누군가로부터 아무것도 모르는 사람이라는 무시를 당했는데도 발끈하지 않는다면, 바로 그것이 철학을 실천하는 시작임을 인식하라.

양은 자기가 얼마나 풀을 많이 뜯어먹었는지 과시하기 위해 양치기 앞에 먹은 것을 토해놓지 않는다. 대신 뜯어 먹은 꼴을 속에서 소화시킨 뒤, 이것으로 양털과 양젖을 생산해낸다. 그러니 속인들 앞에서 아는 척 과시하려 드는 대신 자신이 소화해낸 철학에서 우러난 행동을 보여주도록 하라.

46

남에게 인정받는 것을
갈구하거나 탐하지 말라

제 육신을 위한 일에 검소함을 자랑하려 들지 말라. 물을 마
신다고 물을 마실 때마다 물을 마시노라고 떠벌리지 말라. 인
내력을 기르려 한다면 다른 사람들의 이목을 위해 하지 말고
자신을 위해 하라. 남에게 인정받는 것을 탐하지 말라. 갈증이
심할 때는 찬물을 길어 올려 입을 적시되 거기에 대해서는 아
무 말도 하지 말라.

남에게 인정받는 것을 탐하지 말라.

갈증이 심할 때는 찬물을 길어 올려 입을 적시되

거기에 대해서는 아무 말도 하지 말라.

47

피해를 입어도
그 원인을 자신에게서 찾아라

　속인들은 도움을 원해도 다른 사람에게서 기대하고, 피해를 당해도 그 원인이 다른 사람에게 있다고 여긴다. 철인들은 도움을 스스로 구하고, 피해를 입어도 그 원인을 자신에게서 찾는다. 철학적 깨달음에 이르고자 하는 사람이라면 그 누구도 탓하지 않고, 칭찬하지 않으며, 잘못을 따지지 않고, 비난하지 않는다. 마치 뭔가 속에 든 것이 있는 사람인 척하는 허세의 말 또한 절대 하지 않는다.

　누군가가 자신을 칭송하면 속으로 웃어넘기고, 누군가가 자신을 비난하면 자신을 옹호하려 들지도 않는다. 미약한 자처럼 처신하고, 제자리에 있는 것이라도 단단히 고정될 때까지 돌봐 살핀다. 또한 자신의 욕망을 절제하고, 자연의 순리에 어긋나는 것만 혐오한다.

매사에 아낌없는 노력이 중요하다. 무식하고 바보 같은 것을 봐도 여기에 괘념치 않는다. 한마디로 마치 매복중인 적군인 양 자신을 경계하고 지킨다.

48

좋은 가르침을 잘 따르고
일치하는 행동을 보여라

철학자 크리시포스Chrysippus의 저서를 읽고 설명해줄 수 있다고 우쭐해하는 사람이 있다면, 크리시포스가 글을 난해하게 쓰지 않았더라면 이 사람은 해독이니 뭐니 하며 우쭐해할 건더기가 없었을 것이라고 여겨라.

그럼 내가 해야 할 것은 무엇인가? 바로 자연을 이해하고 자연의 뜻을 따르는 것이다. 그래서 이를 설명해줄 수 있는 스승을 구한 것이고, 크리시포스가 그에 적합한 스승이어서 크리시포스를 해독할 수 있는 사람을 찾은 것이다. 즉 크리시포스의 글을 이해하지 못하니 그것을 설명할 수 있는 사람을 찾는 것이다. 따라서 크리시포스의 글을 해독할 수 있다고 우쭐해할 일이 아니다.

자연의 뜻을 해설해줄 수 있는 자를 찾게 되면, 내가 할 일은 그 가르침을 잘 따르고 실천하는 것이다. 이것만이 우쭐해할 수 있는 것이다.

　하지만 단지 그 가르침을 우러러보기만 한다면 철학자가 되었다기보다는 문학인이 되었을 뿐이고, 시인 호머Homer 대신 크리시포스를 해독해낸 것에 지나지 않는다. 그러므로 누가 나에게 크리시포스를 읽어달라고 하면 나는 차라리 얼굴을 붉힐 것이다. 크리시포스의 가르침과 일치하는 행동을 보여줄 수 없기 때문이다.

자연의 뜻을 해설해줄 수 있는 자를 찾게 되면,

내가 할 일은 그 가르침을 잘 따르고 실천하는 것이다.

이것만이 우쭐해할 수 있는 것이다.

49

가르침을 얻었으면
그것을 법으로 알고 지켜라

가르침을 얻었으면 그것을 법으로 알고 지키도록 하라. 만약 하나라도 어기면 신성 모독죄를 저지르는 것으로 여겨라. 누가 뭐라고 해도 이에 괘념치 말라. 내가 상관할 바가 아니기 때문 이다.

50

보다 나은 인간이 되기 위해
노력하고 또 노력하라

더는 지체하지 말고 지금부터 당장 인간으로서 최고의 존엄과 가치를 실현하고, 이성에 반하는 행동은 절대 삼가는 일에 착수하라. 이미 우리에게 주어진 철학 원칙은 잘 알고 있다. 그런데도 아직까지 어떤 스승을 기다리며 자신의 잘못된 점을 고치는 일을 미루기만 하고 있을 것인가.

당신은 이제 아이가 아니라 다 큰 성인이다. 주의를 기울이지 않고 게으름을 피우며 언제나 자신의 발전을 다음 날 또 다음 날 하며 미루기만 한다면 결코 더 나은 인간이 되지 못하고, 살아서나 죽어서나 속인을 벗어나지 못할 것이다.

자신의 삶을 소중히 여기고 성숙한 성인으로서 발전하라. 최고선으로 보이는 것은 모두 위반할 수 없는 법칙으로 여겨라. 그러는 가운데 힘들거나 즐겁거나 혹은 명예롭거나 불명예스

러운 일에 부닥친다 하더라도 '지금 나는 더이상 지체할 수 없
는 경기에 참여중이며, 단 한 번의 처신으로 그 성패가 결정날
수 있다.'라고 여겨라.

소크라테스는 매사에 보다 나은 인간이 되기 위해 노력했으
며, 오로지 이성만을 따름으로써 완벽한 상태에 이르렀다. 비
록 당신은 아직 소크라테스와 같은 철인이 되지 못했지만, 최
소한 소크라테스와 같은 철인이 되고자 노력할 수 있다.

51

철학에서 가장 중요한 것은
원칙을 실천하는 것이다

철학에서 가장 필수적이고 으뜸가는 것은 원칙을 실천하는 것이다. 즉 '거짓말을 하지 않는다.'라는 원칙이다. 두 번째는 왜 우리가 거짓말을 하면 안 되는지 증명하는 것이다. 세 번째는 이 증명이 올바른지 분별하고 확인하는 것이다. 즉 귀결은 무엇인가, 모순이 없는가, 진실과 거짓은 무엇인가 등을 가리는 것이다.

세 번째 단계는 두 번째 단계를 위해 필요한 것이고, 두 번째 단계는 첫 번째 단계를 위해 필요한 것이다. 이 가운데 가장 중요한 것은 첫 번째 단계, 즉 원칙을 실천하는 것이다. 하지만 우리는 바로 그 반대로 행동하고 있다. 우리는 세 번째 과정에 애를 쓰고 모든 시간을 보내면서 정작 첫 번째 단계는 등한시한다. 즉 거짓말에 대한 증명은 잘하면서 정작 거짓말을 하지 않는다는 원칙은 위반하곤 한다.

52

지혜로운 자는
하늘의 뜻을 아는 자다

매사에 다음과 같은 것들을 명심하라.

제우스Zeus 신이여, 운명이여, 당신이 내게 정해준 길로 나를 이끌어주소서. 나는 지치지 않고 따르리다. 내 의지가 미약하고 나태해지더라도 주저 없이 따르겠나이다. 운명을 제대로 따르는 자를 우리 가운데 지혜로운 자라 하니, 그는 하늘의 뜻을 아는 자이다.

크리톤Crito(소크라테스의 임종을 지킨 친구이자 제자_옮긴이)이여, 그것이 신을 기쁘게 하는 것이라면 그렇게 하라.

아니투스Anytus(소크라테스를 고발한 정치인_옮긴이)와 멜레투스Meletus(소크라테스를 고발한 시인_옮긴이)가 나를 죽이더라도 나를 해치지는 못하리라.

철학에서 가장 필수적이고 으뜸가는 것은

원칙을 실천하는 것이다.

즉 '거짓말을 하지 않는다.'라는 원칙이다.

인간에 대한 위대한 통찰

몽테뉴의 수상록

몽테뉴 지음 | 정영훈 엮음 | 안해린 옮김 | 값 12,000원

가볍지도 과하지도 않은 무게감으로 몽테뉴는 세상사의 다양한 주제들에 대해 본인의 견해를 자신 있고 담담하게 풀어낸다. 이 책을 읽으며 나의 판단이 바른지, 내가 지금 제대로 살고 있는지, 앞으로 어떻게 살아야 하는지 등을 수없이 자문해보자. 원초적인 동시에 삶의 골자가 되는 사유를 함으로써 의식을 환기하고 스스로를 성찰하며 인생의 전반에 대해 배우는 계기가 될 것이다.

나는 때론 혼자이고 싶다

혼자 있는 시간이 가르쳐주는 것들

허균 지음 | 정영훈 엮음 | 박승원 옮김 | 값 14,000원

허균의 『한정록』을 현대적 감각에 맞게 재편집한, 혼자 있는 시간의 즐거움을 알려주는 책이다. 이 책을 읽으며 '나 자신'을 돌아보고 성장할 수 있는 시간을 가져보자. 수많은 이야기를 통해 혼자 보내는 시간이 얼마나 뜻깊고 즐거운지 느낄 수 있을 것이다. 혼자 보내는 시간의 즐거움이란 단지 사람들과 외따로 살아가는 즐거움이 아니라 온전한 나로 깨어 있는 삶의 즐거움임을 이 책을 통해 깨닫기를 바란다.

자기 자신을 있는 그대로 받아들이는 힘

지금 있는 그대로의 너여도 괜찮아

정은임 지음 | 값 15,000원

현대 사회는 빠르게 변화한다. 이 속도에 발맞춰 바쁘게 살다보면 자신의 감정과 마음을 놓치기 쉽다. 빠른 속도 속에서 여유를 갖고 마음을 되돌아보기 힘들기 때문이다. 이러한 환경 속에서 자신이 괜찮지 않다고 느끼는 것은 지극히 자연스럽다. 이 책에서 저자는 친절한 방식으로 자신의 마음을 다스리는 방법을 알려준다. 또한 삶의 변화를 바라는 사람들에게 변화를 위한 단계적인 방법을 친절하고 자세하게 알려준다.

관계의 99퍼센트는 성격이다

성격도 수리가 됩니다

헨리 켈러만 지음 | 마도경 옮김 | 값 16,000원

감정을 억제하거나, 심하게 자신의 감정을 통제하거나, 감정 통제가 불가능하거나 의존적이거나 등 그 어떤 성격 유형이든 이 책에 나오는 모든 상황은 나 또는 내 주변 사람들이 겪고 있는 정신적인 문제다. 하지만 다행히 저명한 심리학자인 저자는 사람의 성격은 바꿀 수 있다고 말한다. 이 책을 통해 나에게 고착화된 '성격'은 어떤 것인지 파악함과 동시에 주변 사람들을 이해하는 데 도움이 될 만한 많은 정보를 얻어보자.

관계, 사랑, 운명을 바꾸는 감사의 힘

그저 감사했을 뿐인데

김경미 지음 | 값 15,000원

저자는 긍정심리학을 오래 연구한 학자로서 일상을 통한 감사함의 실천이 행복에 이르는 길이라는 이야기를 이 책에 담았다. 감사의 눈으로 자신과 세상을 바라보면 '가짜 행복'이 아닌 '진짜 행복'을 찾을 수 있으며, 행복은 멀리 있는 것이 아니라 우리 주변에 있다는 평범하지만 위대한 삶의 진리도 깨닫게 된다. 이 책을 통해 너무나도 잘 알고 있었던 '감사'의 효과를 실생활에서 누려보자.

주변에 사람이 모여드는 말 습관

이쁘게 말하는 당신이 좋다

임영주 지음 | 값 15,000원

말의 원래 모습을 잘 살려 따뜻한 삶을 살고 싶은, 이쁘게 잘 말하고 싶은 사람들을 위한 공감의 책이다. 특히 주변 사람들로부터 "말 좀 제발 이쁘게 하지?"라는 말을 한 번이라도 들어본 적 있다면 이 책을 꼭 읽을 것을 권한다. 한 번뿐인 소중한 인생, 우리 모두 '성질'과 '성격'대로 마구 말하는 것이 아니라 '인격'으로 다듬어 말하는 사람, 즉 이쁘게 말하는 사람이 되어보자. 말은 우리의 모든 것이기 때문이다.

관계의 99%는 감정을 알고 표현하는 것이다

나도 내 감정과 친해지고 싶다

황선미 지음 | 값 15,000원

상담학 박사인 저자는 감정에 대해 제대로 알고 친해지는 법을 소개한다. 이 책은 부정적 감정인 화·공허·부끄러움·불안·우울에 대해 이야기하며 부정적 감정 그 자체는 문제가 아님, 핵심은 감정에 휩쓸리지 않고 감정을 잘 받아들이는 데 있음을 말한다. 이 책을 통해 자신의 감정을 제대로 알고, 제대로 표현하는 법을 익혀 적절하게 감정을 사용할 수 있을 뿐만 아니라 진정한 공감과 위로를 받을 수 있다.

삶의 근본을 다지는 인생 수업

해주고 싶은 말

세네카 외 5인 지음 | 강현규 엮음 | 값 14,000원

이 책은 인생, 행복, 화, 시련, 고난, 쾌락, 우정, 노년, 죽음 등 우리 인간의 삶에 대한 통찰을 담고 있다. 세네카의 『화 다스리기』 『인생론』 『행복론』, 아우렐리우스의 『명상록』, 에픽테토스의 『인생을 바라보는 지혜』, 키케로의 『노년에 대하여』 『우정에 대하여』, 톨스토이의 『어떻게 살 것인가』, 몽테뉴의 『수상록』 등 9권의 위대한 인문고전에서 현대의 독자들을 위해 정수만을 뽑아내 재편집한 결과물이다.

■ **독자 여러분의 소중한 원고를 기다립니다**

메이트북스는 독자 여러분의 소중한 원고를 기다리고 있습니다. 집필을 끝냈거나 집필중인 원고가 있으신 분은 khg0109@hanmail.net으로 원고의 간단한 기획의도와 개요, 연락처 등과 함께 보내주시면 최대한 빨리 검토한 후에 연락드리겠습니다. 머뭇거리지 마시고 언제라도 메이트북스의 문을 두드리시면 반갑게 맞이하겠습니다.

■ **메이트북스 SNS는 보물창고입니다**

메이트북스 홈페이지 www.matebooks.co.kr

책에 대한 칼럼 및 신간정보, 베스트셀러 및 스테디셀러 정보뿐만 아니라 저자의 인터뷰 및 책 소개 동영상을 보실 수 있습니다.

메이트북스 유튜브 bit.ly/2qXrcUb

활발하게 업로드되는 저자의 인터뷰, 책 소개 동영상을 통해 책에서는 접할 수 없었던 입체적인 정보들을 경험하실 수 있습니다.

메이트북스 블로그 blog.naver.com/1n1media

1분 전문가 칼럼, 화제의 책, 화제의 동영상 등 독자 여러분을 위해 다양한 콘텐츠를 매일 올리고 있습니다.

메이트북스 네이버 포스트 post.naver.com/1n1media

도서 내용을 재구성해 만든 블로그형, 카드뉴스형 포스트를 통해 유익하고 통찰력 있는 정보들을 경험하실 수 있습니다.

메이트북스 인스타그램 instagram.com/matebooks2

신간정보와 책 내용을 재구성한 카드뉴스, 동영상이 가득합니다. 각종 도서 이벤트들을 진행하니 많은 참여 바랍니다.

메이트북스 페이스북 facebook.com/matebooks

신간정보와 책 내용을 재구성한 카드뉴스, 동영상이 가득합니다. 팔로우를 하시면 편하게 글들을 받으실 수 있습니다.

STEP 1. 네이버 검색창 옆의 카메라 모양 아이콘을 누르세요.   STEP 2. 스마트렌즈를 통해 각 QR코드를 스캔하시면 됩니다.
STEP 3. 팝업창을 누르시면 메이트북스의 SNS가 나옵니다.